[redacted]

Pour Matisse
F. S.

Pour Carole et Carole,
qui créent de l'amour jour après jour
C. N.-V.


11, rue de Sèvres, 75006 Paris
Loi n° 49.956 du 16 juillet 1949 sur les publications
destinées à la jeunesse : septembre 2013
Dépôt légal : septembre 2013
ISBN 978-2-877-67793-6
Imprimé en Italie

Diffusion l'école des loisirs

www.editions-kaleidoscope.com

C. NAUMANN-VILLEMIN / F. SOUTIF

# Qu'est-ce que je m'ennuie

kaléidoscope

*Je m'ennuie, je m'ennuie, je m'ennuie…*

*… je ne vois vraiment pas ce que je pourrais faire.*
*Arroser les escargots ?*

*Bof !*

*Creuser un trou ?*

*Ça sert à rien.*
*Je m'ennuie, je m'ennuie.*

*Inventer des gros mots ?*
*Quéquénouzette en berlingot.*
*Cramerdane de pipistrelle.*

*Oui, c'est marrant cinq minutes.*

*Coiffer Munster, mon hamster ?*
*Mouais, t'es rigolo…*

*Mais bon.*

Qu'est-ce que
je m'ennuie.

*Cuisiner des gâteaux*
*au goût n'importe quoi… ?*

*Mouais.*

*Apprendre à danser au poisson rouge ?*
*Allez, Mimile, fais comme ça…*

*Pfff,*
*n'importe quoi !*

*M'entraîner à faire des grimaces.*
*Même pas drôle.*

*Pfiou !*
*Qu’est-ce que*
*je m’ennuie.*
*Lire un vieux livre.*

*Pas mal…*

*Mais,*
*et maintenant ?*

*“Qu’est-ce que
tu as fait aujourd’hui ?”*

*“Franchement,
rien d’extraordinaire.”*